BEI GRIN MACHT SICH IHR WISSEN BEZAHLT

- Wir veröffentlichen Ihre Hausarbeit, Bachelor- und Masterarbeit

- Ihr eigenes eBook und Buch - weltweit in allen wichtigen Shops

- Verdienen Sie an jedem Verkauf

Jetzt bei www.GRIN.com hochladen und kostenlos publizieren

Bibliografische Information der Deutschen Nationalbibliothek:

Die Deutsche Bibliothek verzeichnet diese Publikation in der Deutschen Nationalbibliografie; detaillierte bibliografische Daten sind im Internet über http://dnb.d-nb.de/ abrufbar.

Dieses Werk sowie alle darin enthaltenen einzelnen Beiträge und Abbildungen sind urheberrechtlich geschützt. Jede Verwertung, die nicht ausdrücklich vom Urheberrechtsschutz zugelassen ist, bedarf der vorherigen Zustimmung des Verlages. Das gilt insbesondere für Vervielfältigungen, Bearbeitungen, Übersetzungen, Mikroverfilmungen, Auswertungen durch Datenbanken und für die Einspeicherung und Verarbeitung in elektronische Systeme. Alle Rechte, auch die des auszugsweisen Nachdrucks, der fotomechanischen Wiedergabe (einschließlich Mikrokopie) sowie der Auswertung durch Datenbanken oder ähnliche Einrichtungen, vorbehalten.

Impressum:

Copyright © 2016 GRIN Verlag, Open Publishing GmbH
Druck und Bindung: Books on Demand GmbH, Norderstedt Germany
ISBN: 9783668329614

Dieses Buch bei GRIN:

http://www.grin.com/de/e-book/342832/eritrea-ursachen-und-folgen-der-fluechtlingsbewegung

Beti Hadgu

Eritrea. Ursachen und Folgen der Flüchtlingsbewegung

GRIN Verlag

GRIN - Your knowledge has value

Der GRIN Verlag publiziert seit 1998 wissenschaftliche Arbeiten von Studenten, Hochschullehrern und anderen Akademikern als eBook und gedrucktes Buch. Die Verlagswebsite www.grin.com ist die ideale Plattform zur Veröffentlichung von Hausarbeiten, Abschlussarbeiten, wissenschaftlichen Aufsätzen, Dissertationen und Fachbüchern.

Besuchen Sie uns im Internet:

http://www.grin.com/

http://www.facebook.com/grincom

http://www.twitter.com/grin_com

Eritrea: Ursachen und Folgen der Flüchtlingsbewegung

Inhaltsverzeichnis

1 Einleitung ... 3
2 Historische Entwicklung Eritreas ... 4
   2.1 Europäische Kolonialisierung Eritreas ... 4
      2.1.1 Eritrea als Kolonie unter italienischer Herrschaft ... 4
      2.1.2 Eritrea als Kolonie unter englischer Herrschaft ... 4
   2.2 Föderation zwischen Eritrea und Äthiopien ... 5
   2.3 Eritreischer Unabhängigkeitskrieg ... 5
3 Situation in der Gegenwart ... 6
   3.1 Republik unter Iseyas Afewerki und die Verfassung ... 6
   3.2 Beziehung zu Äthiopien ... 7
   3.3 Wirtschaftliche Situation des Landes ... 7
4 Gründe für die Massenflucht ... 8
   4.1 Unbegrenzter Nationaldienst seit 1994 ... 8
   4.2 Presse- und Meinungsfreiheit ... 10
   4.3 Religionsfreiheit ... 11
   4.4 Gefängnisse in Eritrea ... 11
5 Bewegungsfreiheit innerhalb und außerhalb des Landes ... 12
6 Schwierigkeiten der Flüchtlinge auf dem Weg nach Europa ... 13
7 Steuerzahlung von im Ausland lebenden Eritreern ... 13
8 Folgen für das Land ... 13
   8.1 Gesellschaftliche Folgen ... 13
   8.2 Wirtschaftliche Folgen ... 14
   8.3 Politische Folgen für das Land ... 15
9 Schlussbetrachtung ... 15
10 Literatur- und Quellenverzeichnis ... 17

1 Einleitung

In dieser Facharbeit im Fach Geschichte zum Thema „Eritrea: Ursachen und Folgen der Flüchtlingsbewegung" gebe ich einen Einblick in die Ursachen für die Massenflucht aus dem Land und in die Folgen, die diese für das Land hat.

Ich habe dieses Thema gewählt, weil die riesige Masse an Flüchtlingen, die nach Europa kommen, momentan ein Thema ist, mit dem wir so gut wie jeden Tag auf jedem Nachrichtensender und in jeder Zeitung konfrontiert werden. Die meisten Menschen sehen die Bilder von den Flüchtlingsmassen, und für sie ist es nur ein Haufen Leute, die halt irgendwo aus Afrika oder Asien kommen und vor dem (Bürger-)krieg fliehen.

Wenn man sich die Zahlen jedoch einmal genauer anschaut, dann stellt man fest, dass eine der größten Mengen an Flüchtlingen aus Eritrea kommt, einem Land am Roten Meer mit einer Fläche von 121.100 km² und 6,38 Millionen Einwohnen[1]. In Eritrea herrscht weder Krieg, noch gibt es dort eine Hungersnot, und auch sonst ist nicht viel darüber in den Medien zu hören.

„Knapp 360.000 Eritreer sind nach UNO-Angaben derzeit als Flüchtlinge in Europa registriert. Die meisten von ihnen in Schweden, Deutschland und der Schweiz."[2] Insgesamt leben „etwa 1 Million Eritrea"[3] im Ausland.

Doch wovor fliehen die Eritreer? Warum nehmen so viele die lebensgefährliche Reise über das Mittelmeer auf sich, nur um in einem anderen Land ein neues Leben beginnen zu können?

Genau mit dieser Frage beschäftige ich mich in dieser Facharbeit. Ich bin dabei so vorgegangen, dass ich als erstes die jüngere historische Vergangenheit des Landes beleuchte, um ersichtlich zu machen, vor welchen Hintergründen die politische Situation der letzten Jahre zu erklären ist, anschließend bin ich auf die aktuelle Situation im Land eingegangen.

Nachdem ich diesen Rahmen, der für das Verständnis der folgenden Abschnitte unbedingt notwendig ist, gesetzt habe, gehe ich näher auf die einzelnen Ursachen und Umstände ein, die so viele Menschen in die Lage versetzt, keinen anderen Ausweg als die Flucht aus dem

---

[1] vgl. EMW: Eritrea, Hamburg 2015, Vorderer Klappentext
[2] Spiegel Online: Bericht über Unrechtsregime: Uno wirft Eritrea „Verbrechen gegen die Menschlichkeit" vor, 2015
[3] Wülser, Patrick: Paranoia und Pseudospitäler in Eritrea, in: Neue Züricher Zeitung, Asmara 2015

Land mehr zu sehen, und wie diese Flucht aussieht, bzw. welche Risiken und Konsequenzen sie birgt.

Und zuletzt gehe ich darauf ein, welche Folgen die Massenauswanderung für das Land hat, hier wieder bezogen auf die Aspekte der Gesellschaft, Wirtschaft und Politik.

Mein Ziel ist es, mit dieser Facharbeit die einzelnen Hintergründe und Ursachen für die Situation, zu erarbeiten und die Situation sowohl des Landes als auch der Flüchtlinge nachvollziehbar darzustellen.

2 Historische Entwicklung Eritreas

2.1 Europäische Kolonialisierung Eritreas

2.1.1 Eritrea als Kolonie unter italienischer Herrschaft

Die erste europäische Kolonie in Eritrea entstand 1882, als die Italiener die Bucht von Assab übernahmen und die Kolonie Assab gründeten. 1889 besetzten sie dann Asmara und gründeten am 1. Januar 1890 offiziell die Kolonie Eritrea. Die Tatsache, dass sie nun von einem gemeinsamen Herrscher regiert wurden, ließ zum ersten Mal ein gemeinsames Nationalbewusstsein unter den verschiedenen ethnischen Gruppen des Gebiets aufkommen. Unter der italienischen Herrschaft wurde die Infrastruktur des Landes weitläufig ausgebaut, doch die eritreische Bevölkerung war nichts weiter als Soldaten und billige Arbeitskräfte[4].

2.1.2 Eritrea als Kolonie unter englischer Herrschaft

Als Eritrea im zweiten Weltkrieg von Großbritannien angegriffen wurde, schlossen sich viele Eritreer den englischen Truppen an und wendeten sich gegen die Italiener, was dazu führte, dass die italienischen Truppen kapitulierten und Eritrea unter englische Herrschaft viel. Zu der Zeit hatte Eritrea den „bisweilen höchsten Entwicklungsstand erreicht"[5]. Nach Ende des zweiten Weltkriegs verlor Eritrea seine Bedeutung für Großbritannien und die Entwicklungsförderungen ließen nach, wodurch es zur wirtschaftlichen Rezession kam. Als über die Frage nach der Zukunft Eritreas diskutiert wurde, schlug Großbritannien vor, das Land zu teilen und den Westen und Nordwesten, der größtenteils muslimisch war, an Sudan zu geben, während das Hochland und die Küste, wo viele Christen lebten, mit Äthiopien verbunden werden sollte, da sie der Meinung waren, dass Eritrea als unabhängiger Staat

---

[4] vgl. Mein-Italien.info: Colonia Eritrea
[5] Habte, Mussie: Nationenbildung in einem multiethnischen Staat, Berlin 2012, 71

politisch und wirtschaftlich langfristig nicht würde überleben können. Um ihren Vorstellungen noch mehr Gewicht zu verleihen, schürten die Briten die landesinternen Konflikte zwischen Muslimen und Christen, was es umso deutlicher machen sollte, das eine Teilung der sinnvollste Weg wäre. Außerdem hatten sie zuvor schon unzählige Industrie- und Infrastrukturanlagen verkauft oder in andere Kolonien transportiert.[6]

2.2 Föderation zwischen Eritrea und Äthiopien

Da sich die vier Großmächte nicht einig werden konnten, gab man die Entscheidung an die Vereinten Nationen ab. Diese entschieden sich im September 1952 für eine Föderation mit Äthiopien, sodass Eritrea zur „autonome[n] Einheit in Föderation mit Äthiopien unter der Souveränität der äthiopischen Krone"[7] wurde. Ziel des Föderationsvertrags war ein demokratischer Staat Eritrea mit eigener Verfassung und Mehrparteiensystem. Eritrea erhielt eine eigene Flagge und die am häufigsten gesprochenen Sprachen Tigrinya und Arabisch wurden zu den offiziellen Amtssprachen erklärt. Doch schon kurz nach Inkrafttreten des Föderationsvertrags kam es zu ersten Verletzungen der Vertragsvereinbarungen. Im Jahre 1956 gab es als neue Amtssprache Amharisch, die Landessprache Äthiopiens. In Schulen und öffentlichen Einrichtungen, wie Büros, wurde fortan diese Sprache gesprochen. Des Weiteren wurde Eritrea die eigene Flagge genommen und durch die äthiopische ersetzt. Außerdem galt ab diesem Zeitpunkt das äthiopische Gesetz. Doch damit nicht genug. 1960 geschah die „Umbenennung der eritreischen Regierung in die eritreische Verwaltung"[8]. Am 14. November 1962 wurde die Föderation offiziell aufgehoben. Dabei handelte es sich um einen Völkerrechtsbruch, da nur die Vereinten Nationen dazu berechtigt waren. Kein westliches Land ging gegen diesen Rechtsbruch vor, sodass die Dinge ungehindert ihren Lauf nahmen.

2.3 Eritreischer Unabhängigkeitskrieg

Es gab schon seit Beginn der Föderationsverletzungen Widerstand seitens der Eritreer. So reichten sie 1957 eine Beschwerde bei der UNO ein, die jedoch nicht auf Gehör stieß. 1958 kam es zu Demonstrationen und Streiks, die durch die äthiopische Regierung blutig niedergeschlagen wurden. Als alle friedlichen Maßnahmen keine Wirkung zeigten, gingen die Eritreer dazu über, bewaffneten Widerstand zu leisten, sodass 1977 bereits der größte Teil

---

[6] vgl. , Mussie: Nationenbildung in einem multiethnischen Staat, Berlin 2012, 71-76
[7] Habte, Mussie: Nationenbildung in einem multiethnischen Staat, Berlin 2012, 78
[8] Habte, Mussie: Nationenbildung in einem multiethnischen Staat, Berlin 2012, 83

des Landes unter Kontrolle der Befreiungsbewegung EPLF (Eritrean People Liberation Front) stand. 1977 ging Äthiopien ein Bündnis mit der Sowjetunion ein und ließ sich mit modernsten Waffen und Panzern versorgen, wodurch sie „binnen kürzester Zeit zur stärksten Streitmacht Schwarzafrikas"[9] wurde und die EPLF zum „geordneten militärischen Rückzug"[10] in die Sahel-Region zwang, wo sie eine eigene, unabhängige Gesellschaft aufbaute. Es kam immer wieder zu Kämpfen mit der äthiopischen Armee, welche zunehmend unterlag. Bei jedem Gefecht erbeutete die EPLF Waffen, Vorräte, und manchmal sogar Panzer oder andere Fahrzeuge, die sie für den Einsatz im Gebirge umbauten und anschließend gegen die Äthiopier verwendeten. Im Februar 1982 kam es zur größten Militäraktion Äthiopiens gegen Eritrea, doch auch diese wurde mehr als erfolgreich von der EPLF zurückgeschlagen. Nach diesem Sieg gingen die Freiheitskämpfer erstmals dazu über, eigene militärische Offensiven zu starten. Der Höhepunkt war der Angriff auf die äthiopische Garnison in Afabet 1988, bei dem es den Kämpfern der EPLF gelang, die gegnerische Armee einzukesseln und zu besiegen. Das hatte zur Folge, dass sich die Äthiopier aus mehreren Städten zurückzogen und der EPLF so weiteres Feld überließen. Darauf folgte im Februar 1990 die Einnahme der Hafenstadt Massawa. Am 24. Mai 1991 kapitulierte die äthiopische Armee schließlich und übergab Asmara an die EPLF. Nach dem Ende des Krieges setzte die EPLF nicht die sofortige Unabhängigkeit Eritreas um, sondern stellte eine eigene Übergangs-Regierung und setzte ein zwei jähriges Referendum durch, in dem die Eritreer selber entscheiden sollten, wie die Zukunft des Landes aussehen soll. Nach zwei Jahren schließlich wurde vom 23. bis zum 25. April 1993 die Volksabstimmung über Eritreas Zukunft durchgeführt, in die sowohl die Einwohner Eritreas, als auch im Ausland lebende Eritreer einbezogen wurden. Das Wahlergebnis war eindeutig: 99,8% stimmten für die Unabhängigkeit Eritreas. Am 27. April 1993 wurde Eritrea zu einem unabhängigen Staat.[11]

3 Situation in der Gegenwart

3.1 Republik unter Iseyas Afewerki und die Verfassung

Die EPLF übernahm unmittelbar nach Erlangen der Unabhängigkeit die Macht und blieb die einzige regierende Partei. Der ehemalige Kämpfer der Sahel-Region Iseyas Afewerki wurde Präsident in Eritrea. Er wurde jedoch nicht vom Volk gewählt, sondern wurde als einer der

---

[9] Habte, Mussie: Nationenbildung in einem multiethnischen Staat, Berlin 2012, 98
[10] Habte, Mussie: Nationenbildung in einem multiethnischen Staat, Berlin 2012, 98
[11] vgl. Habte, Mussie: Nationenbildung in einem multiethnischen Staat, Berlin 2012, 99-101

ehemaligen Anführer der EPLF während des Unabhängigkeitskriegs auch Partei- und Staatschef im neuen Staat. Im Jahr 1994 wurde ein Gesetzt verabschiedet, nach dem jeder Eritreer im Alter von 18 bis 40 Jahren für 18 Monate im Nationaldienst arbeiten muss. Ziel des Nationaldienstes war es, Eritreas Wirtschaft und Gesellschaft zu stärken. Afewerki berief ein Komitee ein, um eine Verfassung auszuarbeiten. Die Verfassung wurde im Jahr 1997 beendet und an Afewerki übergeben, trat jedoch niemals in Kraft. Damit ist Eritrea „weltweit das einzige Land ohne gültige Verfassung"[12]. Es gab in Eritrea noch nie Wahlen, obwohl immer wieder welche angekündigt wurden.

3.2 Beziehung zu Äthiopien

Im Jahr 1998 kam es erneut zum Krieg gegen Äthiopien. Auslöser war die Stadt Badme, die auf der gemeinsamen Karte als Teil Eritreas verzeichnet war, nun aber von äthiopischen Truppen besetzt wurde. Dieser Krieg zwischen Eritrea und Äthiopien endete im Jahr 2000 mit einem Waffenstillstand und Eritrea hielt immer noch einen Teil Badmes, während der andere Teil von Äthiopien besetzt wurde. Afewerki hat seitdem Angst und fühlte sich bedroht von Äthiopien, weshalb er in Eritrea 2002 einen unbegrenzten Nationaldienst einführte, um die gesamte Bevölkerung jederzeit als potentielle Soldaten für die Verteidigung gegen Äthiopien verwenden zu können. Afewerki schafft es, den Konflikt gegen Äthiopien unter Kontrolle zu halten, indem er sehr strikte Militärkontrollen entlang der Grenze postiert.

3.3 Wirtschaftliche Situation des Landes

Iseyas Afewerki finanziert seine Politik durch illegale Geschäfte wie „Geldwäsche, Waffenschmuggel und [...] Bestechungsgelder von ausländischen Partnern"[13], allerdings blieb durch den Krieg gegen Äthiopien wenig Geld übrig. Das ging so weit, dass während der weltweiten Finanzkrise fast kein Auto in Eritrea mehr fuhr, weil die Ölpreise stiegen und Afewerki sich die Importe nicht leisten konnte. Im Rahmen der „Marktliberation"[14], die Iseyas Afewerki durchführte, verkaufte er mineralische Rohstoffe an ausländische Bergbaukonzerne, um die Staatseinnahmen zu erhöhen. Er erkaufte sich außerdem die Loyalität seiner Generäle, indem er ihnen im Austausch illegale Privatgeschäfte erlaubte, zum Beispiel Waffenschmuggel oder Menschenhandel, oder die Ausbeutung ihrer Rekruten für

---

[12] EMW: Eritrea, Hamburg 2015, 11
[13] de Waal, Alex: Das System Eritrea, in: Le Monde diplomatique, Berlin 2015
[14] de Waal, Alex: Das System Eritrea, in: Le Monde diplomatique, Berlin 2015

ihre privaten Geschäfte, wie z.B. landwirtschaftliche Betriebe oder private Minen[15]. Seit Januar 2007 gibt es außerdem Investitionsvereinbarungen zwischen China und Eritrea[16], sodass China nun viele große Projekte im „Bau-, Telekommunikations-, Gesundheits-, und Bergbausektor"[17] in Eritrea hat.

4 Gründe für die Massenflucht

4.1 Unbegrenzter Nationaldienst seit 1994

Im Jahr 1994 wurde ein Gesetz verabschiedet, das alle eritreischen Männer und Frauen im Alter von 18 bis 40 Jahren verpflichtet, einen 18 monatigen Militärdienst zu leisten. Dieser Dienst bestand aus einem militärischen und einem zivilen Anteil. Nach Ende des Grenzkriegs gegen Äthiopien im Jahre 2000 wurde ein unbegrenzter Nationaldienst eingeführt (genannt „Warsay Yikalo"[18]), welcher auch nach den 18 Monaten nicht endete, sondern offiziell bis zum 50. Lebensjahr dauern kann, in manchen Fällen jedoch noch länger[19]. Bis zum Beginn des Grenzkrieges gegen Äthiopien wurden 48.000 bis 54.000 ehemalige Soldaten demobilisiert. Diese Demobilisierung wurde jedoch mit Kriegsbeginn 1998 wieder aufgehoben[20].

Seit 1994 wird man per Brief aufgefordert, sich an einem Sammelpunkt zu treffen (z.B. einem Fußballstadion oder einer Schule), um von dort in das militärische Ausbildungslager gebracht zu werden. Da sich viele nach einer solchen Aufforderung versteckten, um nicht eingezogen zu werden, begannen 1995 die „Einsammlungen"[21], bei denen Menschen abendlich auf der offenen Straße kontrolliert wurden und gegebenenfalls zu einem Sammelpunkt eskortiert. Dies galt hauptsächlich für Männer, doch Frauen wurden auch kontrolliert.

Im Sommer 2002 begann man, auch „private Häuser, Arbeitsplätze und Orte des sozialen Beisammenseins"[22] auf der Suche nach Menschen, die sich dem Aufgebot entzogen hatten, zu durchsuchen und Menschen am helllichten Tage zu kontrollieren.

---

[15] vgl. Amnesty International: Amnesty International Report 2014/15 – The State of the World's Human Rights – Eritrea, 2015
[16] vgl. EritreaDaily: China signs economic deals with Eritrea, 2007
[17] Auswärtiges Amt: Außenpolitik, 2015
[18] LandInfo: Eritrea: Nationaldienst, 2015, 8
[19] vgl. Rühl, Bettina: Flüchtlinge berichten aus Eritrea, in: SWR, 2015
[20] vgl. LandInfo: Eritrea: Nationaldienst, 2015, 20
[21] LandInfo: Eritrea: Nationaldienst, 2015, 9
[22] LandInfo: Eritrea: Nationaldienst, 2015, 9

Die 12. Klasse befindet sich in einem militärischen Ausbildungslager des Staats. Es gibt keine andere Möglichkeit, die 12. Klasse und damit den Schulabschluss zu absolvieren, der aber nötig ist, um an einer Universität aufgenommen zu werden.

Dieses militärische Ausbildungslager befindet sich in der Stadt Sawa in einer entlegenen Halbwüste im westlichen Tiefland, und die Durchschnittstemperatur liegt über 34° C. „Sawa ist eine Stadt mit der Kapazität, 30.000 Soldaten unterzubringen."[23] Dort sind die Jugendlichen von ihren Familien getrennt, während sie in der Wüste ihren Abschluss machen und die militärische Grundausbildung durchlaufen.

In Sawa gib es kein Internet und dort sind Handys verboten. Viele Jugendliche können ihre Familie nicht erreichen, da es dort kein Telefon für sie gibt. Die einzige Kommunikationsmöglichkeit ist per Brief[24].

In einem Raum in Sawa wohnen 120 Studenten. Mädchen und Jungen schlafen getrennt, sind aber während des Tages zusammen[25].

Wenn sich Jugendliche entschließen, den Anordnungen der Lehrer oder militärischen Ausbilder nicht zu folgen, werden sie misshandelt und bestraft. Laut Berichten weiblicher Flüchtlinge werden viele Frauen dort von Ausbildern vergewaltigt, einige Frauen werden auch inhaftiert, „weil sie sich geweigert hatten, mit den Kommandeuren Sex zu haben"[26].

Nach der Ausbildung in Sawa können die Absolventen mit guten Noten eine Hochschule besuchen, bevor sie den Nationaldienst im zivilen Bereich leisten. Denen mit etwas schlechteren Noten werden verschiedene Lehren zur Auswahl gestellt, bevor sie den Nationaldienst im zivilen oder militärischen Bereich leisten müssen. Diejenigen, die keine Hochschule besuchen oder Lehre machen, müssen direkt den Nationaldienst im militärischen Bereich leisten. Wer sich weigert, seinen Nationaldienst du leisten, wird entweder selbst bestraft oder, falls er nicht aufzufinden ist, seine Familie.

Blinde, Behinderte und psychisch Instabile sind vom Nationaldienst ausgeschlossen[27].

---

[23] LandInfo: Eritrea: Nationaldienst, 2015, 11
[24] Berichtet persönlich von Yordanos Tewelde, Flüchtling aus Eritrea
[25] vgl. LandInfo: Eritrea: Nationaldienst, 2015, 12
[26] Amnesty International: Eritrea: Misshandlungen von Militärdienstleistenden, 2004
[27] vgl. LandInfo: Eritrea: Nationaldienst, 2015, 17

2007 war die Anzahl der Rekruten, die flüchteten, so hoch geworden, dass sich die Armee eine Gegenmaßnahme überlegen musste. Da sie sich jedoch weigerten, eigene Truppen loszuschicken, um ihre Kameraden abzufangen, bezahlten sie Rashaida-Scharfschützen (ein muslimisches Nomadenvolk aus dem Grenzland zwischen Eritrea und Sudan), um die Flüchtigen zu erschießen[28].

4.2 Presse- und Meinungsfreiheit

Eritrea steht auf der Rangliste für Pressefreit von *Reporter ohne Grenzen* auf dem letzten Platz von 180 Ländern. Seit 2001 sind alle privaten Medien verboten, und alles, was über die staatlichen Medien publiziert wird, muss vorher vom Informationsministerium genehmigt werden[29]. Es herrscht starke Kontrolle und Zensur. Webseiten werden zwar nicht gesperrt, jedoch gibt es in großen Teilen des Landes ohnehin keine Internetverbindung[30].

Die meisten Journalisten sind im Gefängnis oder haben das Land verlassen. Wer Kritik am Regime äußert, wird verfolgt. 2007 wurde Paulos Kidane, der beim staatlichen Sender Eri-TV als Fernseh-Journalist gearbeitet hat, auf dem Weg in Richtung Sudan erschossen[31].

Für ausländische Journalisten ist es sehr schwierig, ein Pressevisum zu bekommen, da „nur handverlesene Medienvertreter"[32] eine Einreiseerlaubnis kriegen.

Nach dem Krieg gegen Äthiopien gab es viel Kritik gegen Afewerki und es kam zu offenen Debatten. 15 prominente Parteimitglieder forderten sogar die Wahl eines neuen Präsidenten. Am 18. September 2001 ließ Afewerki die Kritiker verhaften. Von den 15 Politikern gingen vier ins Exil, die anderen verschwanden spurlos[33].

Viele im Ausland lebenden Eritrea haben Angst, negative Dinge über Eritrea oder den Präsidenten zu sagen, da sie dadurch ihre Angehörigen in Eritrea gefährden würden.

---

[28] vgl. de Waal, Alex: Das System Eritrea, in: Le Monde diplomatique, Berlin 2015
[29] vgl. Reporter ohne Grenzen: Weltweites Schlusslicht der Pressefreiheit, Eritrea 2015
[30] vgl. Wülser, Patrick: Paranoia und Pseudospitäler in Eritrea, in: Neue Züricher Zeitung, Asmara 2015
[31] vgl. Reporter ohne Grenzen: Weltweites Schlusslicht der Pressefreiheit, Eritrea 2015
[32] Wülser, Patrick: Paranoia und Pseudospitäler in Eritrea, in: Neue Züricher Zeitung, Asmara 2015
[33] vgl. de Waal, Alex: Das System Eritrea, in: Le Monde diplomatique, Berlin 2015

4.3 Religionsfreiheit

Als am 5. März 2005 der neue eritreisch-orthodoxe Patriarch Abune Antonics sein Amt antrat, hatte Afewerki der Kirche „die notwendige Unterstützung angeboten"[34], aber auch die „Spaltung des Volkes durch religiöse Individuen"[35] beklagt. Wenige Tage darauf begann eine „wachsende und systematische Verfolgung von Angehörigen von Minderheitenkirchen"[36].

In Eritrea gibt es nur vier Religionen, deren Ausübung von der Regierung erlaubt wird. Diese sind eritreisch-orthodox, römisch-katholisch, evangelisch-lutherisch und der Islam. Alle Menschen, „die nicht registrierte orthodoxe, lutherische oder katholische Kirchen besuchen"[37], werden als „Bedrohung für den Staat"[38] angesehen und verfolgt. Laut des USCIRF-Jahresberichts von 2015 sind zur Zeit schätzungsweise 1200 bis 3000 Menschen auf Grund ihrer Religion in Gefangenschaft, ein Großteil davon sind Evangelikale und Pfingstler[39]. Den Gefangenen ist es nicht erlaubt, laut zu singen oder zu beten, und jegliche religiöse Bücher sind verboten [40]. Die Gefangenen werden gezwungen, eine „Glaubensverzichtserklärungen bzw. Erklärungen, ihren Glauben nicht mehr auszuüben"[41] zu unterschreiben, bevor sie freigelassen werden.

4.4 Gefängnisse in Eritrea

Seit 2001 verschwinden viele Menschen in Gefängnissen, ohne dass jemand weiß, wo sie verblieben sind. Ihre Familien haben keine Hoffnung, sie jemals wieder zu Gesicht zu bekommen. Die meisten sind höchstwahrscheinlich längst tot.

In Eritrea gibt es tausende von Inhaftierten, die niemals offiziell unter Anklage oder vor ein Gericht gestellt werden. Viele davon sterben im Gefängnis, da sie misshandelt und gefoltert werden und es keine medizinische Behandlung, kein sauberes Wasser und nicht genug Essen

---

[34] IGFM: Eritrea: Religionsfreiheit untergraben, Kirche verfolgt, Frankfurt 2005
[35] IGFM: Eritrea: Religionsfreiheit untergraben, Kirche verfolgt, Frankfurt 2005
[36] IGFM: Eritrea: Religionsfreiheit untergraben, Kirche verfolgt, Frankfurt 2005
[37] Kirche in Not: Eritrea – Das Nordkorea Afrika, Eritrea 2015
[38] Kirche in Not: Eritrea – Das Nordkorea Afrika, Eritrea 2015
[39] vgl. USCIRF: Annual Report 2015, 2015
[40] vgl. USCIRF: Annual Report 2015, 2015
[41] IGFM: Eritrea: Religionsfreiheit untergraben, Kirche verfolgt, Frankfurt 2005

gibt. Manche Eritreer sind in unterirdischen Zellen oder Schiffcontainern aus Metall bei Kälte und Hitze eingesperrt[42].

Es gibt immer wieder Fluchtversuche, doch die meisten werden während ihrer Flucht erschossen oder absichtlich verletzt. Wenn jemand erfolgreich fliehen konnte, wird seine Familie als Ersatz verhaftet oder zu einer Entschädigungszahlung von etwa 50.000 Nakfa (ca. 2690 Euro) gezwungen[43].

5 Bewegungsfreiheit innerhalb und außerhalb des Landes

Obwohl Eritrea ein unabhängiges Land ist, sind die Menschen eingesperrt. Weder innerhalb ihres eignen Landes noch außerhalb können die Eritreer sich frei bewegen. Eritreer, die keinen Nationaldienst erfüllt haben oder die noch zur Schule gehen, dürfen sich nicht aus ihrer eigenen Stadt bewegen außer an bestimmte Orte, die nicht an der Grenze liegen. Wer gerade seinen Nationaldienst leistet, muss erst um Erlaubnis fragen, bevor er die Stadt verlässt. Der Grund hierfür ist, um zu verhindern, dass die Leute in die Nachbarländer fliehen oder sich in entfernten Städten verstecken. Wer es trotzdem versucht, wird verhaftet. Die Grenzen werden außerdem von Rashaida-Scharfschützen bewacht, die von den eritreischen Generälen angeheuert wurden und jeden erschießen, der versucht zu fliehen.

Die UNO empfiehlt allen Staaten, Eritreische Flüchtlinge nicht zurückzuweisen, da sie in ihrem Land für die Flucht schwer bestraft werden würden.

Das Land verlassen dürfen nur Menschen, die ihren Nationaldienst erfüllt haben. Bis vor 6 Jahren war es Minderjährigen unter 16 Jahren auch noch erlaubt, sich frei zu bewegen, doch das ist inzwischen nicht mehr so.

Seit 1. Juni 2006 brauchen Ausländer eine besondere Erlaubnis, um sich außerhalb der Hauptstadt Asmara zu bewegen, die beim Tourismusministerium für Geschäftsreisende beantragt werden muss. Es müssen Grund und Dauer für die Reise genannt werden. Diese Erlaubnis muss 2 Tage vor Reiseantritt beantragt werden.[44]

---

[42] vgl. Amnesty International: Amnesty International Report 2014/15 – The State of the World's Human Rights – Eritrea, 2015
[43] vgl. Tekle, Tewelde: Gefängnisse in Eritrea: So schlimm wie Sklaverei, 2015
[44] Auswärtiges Amt: Eritrea: Reise- und Sicherheitshinweise (Teilreisewarnung), 2016

6 Schwierigkeiten der Flüchtlinge auf dem Weg nach Europa

Rund 3000 Flüchtlinge verlassen das Land jeden Monat. Sie machen sich erst auf den Weg von Eritrea nach Sudan oder Äthiopien. Auf dem Weg zwischen Sudan und Israel werden viele auf der Sinaihalbinsel von Menschenhändlern entführt und in Lager gesteckt. Dort sterben viele unter den schlechten Konditionen und der Hitze oder durch die Folter der Menschenhändler. Um sie zu befreien, müssen die Familien, die in Eritrea oder im Ausland leben, Geld bezahlen. Es werden Lösegelder von „einigen tausend bis zu 50.000 US-Dollar pro Person"[45] verlangt, und wenn nicht bezahlt werden kann, wird in manchen Fällen stattdessen ein Organ entnommen[46]. Andere versuchen es vom Sudan über Libyen und dann über das Mittelmeer nach Europa, wo viele auf der Überfahrt ertrinken.

7 Steuerzahlung von im Ausland lebenden Eritreern

Afewerki verlangt von Eritreern, die im Ausland leben, eine jährliche Steuerzahlung in Höhe von 2% ihres Nettoeinkommens. Wenn sie diese nicht bezahlen, bekommen sie keine Dokumente wie Geburtsurkunden und ihr Pass wird nicht verlängert, sodass sie staatenlos werden. Wenn ein im Ausland lebender Eritreer etwas erbt, ein Grundstück kaufen oder ein Haus bauen möchte, muss er nachweisen, dass er diese 2% Steuer immer bezahlt hat.[47]

8 Folgen für das Land

8.1 Gesellschaftliche Folgen

Die Massenauswanderung in Eritrea zieht viele Folgen für die Gesellschaft mit sch. Da mehr Frauen im Land bleiben als Männer, verschiebt sich die Demografie in Eritrea zunehmend. Dieser Effekt wird dadurch noch verstärkt, dass die meisten eritreischen Flüchtlinge junge Menschen sind, die dem Nationaldienst entgehen wollen und sie deshalb auf den Weg in ein freieres Land machen. Viele Familien sind aus diesem Grund zerrüttet und viele Eltern sitzen im Gefängnis oder müssen Geld bezahlen, da sie wegen der Flucht ihres Kindes bestraft werden.

Eine weitere Folge der Mengen an Flüchtlingen ist ein Mangel an Fachkräften, besonders im Bereich Bildung und in der Medizin. An den Schulen herrscht seit vielen Jahren ein

---

[45] Johnson, Dominic: Flucht aus Eritrea: Ein Organ als Lösegeld, in: TAZ, Berlin 2014
[46] vgl. Johnson, Dominic: Flucht aus Eritrea: Ein Organ als Lösegeld, in: TAZ, Berlin 2014
[47] Leubecher, Marcel: Wie eine Diktatur Steuern von Asylbewerbern abzockt, in: Die Welt, 2015

Lehrermangel, und so werden inzwischen Collegeabsolventen als Lehrer für die hoffnungslos überfüllten Klassen eingesetzt, da die meisten Lehrer geflohen sind. Die Lehrer, die noch nicht geflohen sind, sind Nationaldienstleistende, die gezwungen werden, diesen Job zu tun und die selber gerade ihre Flucht planen.

Im medizinischen Bereich sind die Folgen des Mangels an Fachkräften noch verheerender. Es gibt fast im ganzen Land keine Ärzte, da alle, die ihr Studium abgeschlossen haben, im Nationaldienst arbeiten müssen oder direkt nach der Uni fliehen. Da es außerdem nicht genug Geld für Medikamente gibt, machen sich viele Eritreer gar nicht mehr die Mühe, überhaupt ein Krankenhaus aufzusuchen, wenn sie oder Mitglieder ihrer Familie krank werden. Ein gutes Beispiel hierfür findet sich in einem Bericht der Neuen Züricher Zeitung. Dort haben Journalisten ein hochmodernes Spital in Barentu in Eritrea besucht, welches 1996 von der Weltbank finanziert wurde. Dieses war Referenzspital für eine Million Menschen, jedoch war kein einziges Zimmer belegt, es waren keine Ärzte vor Ort und die modernen Geräte waren noch in ihrer Originalverpackung und noch nie benutzt worden.[48]

8.2 Wirtschaftliche Folgen

Dadurch, dass so viele Eritreer das Land verlassen haben, darunter besonders viele junge Männer, sinkt in Eritrea die Zahl der fähigen Arbeitskräfte und damit der Steuerzahler. Besonders in der Zukunft wird dies zu einem ernsthaften Problem werden, wenn die momentane mittlere Altersklasse zur ältesten Klasse geworden ist, und dann keine jüngeren Leute nachrücken.

Die Steuer, die von den im Ausland lebenden Eritreern gezahlt werden muss, stellt dagegen eine Möglichkeit für die Regierung dar, auch durch die Menschen, die das Land schon länger verlassen haben, noch ein Einkommen zu erwirtschaften, ohne etwas dafür tun zu müssen. Außerdem unterstützen viele im Ausland lebenden Eritreer das Regierungssystem dadurch noch weiter, dass sie ihre Familien in Eritrea finanziell unterstützen, sodass erstens von außen Geld in das Land fließt, und zweitens der Staat sich auch um diese Familien nicht kümmern muss, da für sie gesorgt ist. Ein Sozialsystem, wie wir es hier in Deutschland kennen, wird dadurch nicht nötig.

---

[48] vgl. Wülser, Patrick: Paranoia und Pseudospitäler in Eritrea, in: Neue Züricher Zeitung, Asmara 2015

8.3 Politische Folgen für das Land

Eine politische Folge der Massenauswanderung ist die Tatsache, dass sich so gut wie niemand innerhalb des Landes offen gegen das Regime stellt. Jeder, der unzufrieden mit dem System ist, zieht die Flucht einem offenen Widerstand vor. Dies hat zur Folge, dass die Menschen, die unzufrieden genug wären, um so einen Widerstand anzufangen, das Land schon verlassen haben, und nur noch die Leute übrig sind, die entweder von dem System profitieren oder sich einfach nicht genug zutrauen, um überhaupt dagegen zu handeln. Ein Aufstand gegen das Regime, wie es 2011 in Libyen gegen das diktatorische Regime Gaddafis der Fall war, wird dadurch unwahrscheinlich bis unmöglich.

Eine weitere Folge der Massenflucht ist die starke Aufmerksamkeit, die Eritrea dadurch von vielen Ländern bekommt, vor allem von Deutschland, der Schweiz, Schweden, Dänemark, Niederlande, Italien und Großbritannien, da diese Länder das Ziel der meisten Flüchtlinge sind. Diese Länder unternehmen viele Bemühungen, die Lage im Land zu durchleuchten und auf das Land Einfluss zu nehmen, um die Lage zu verbessen, mit dem klaren Ziel, „die Abwanderung der Menschen aus Eritrea in andere Staaten zu stoppen"[49]. So schickt die Schweiz immer wieder Spezialisten nach Eritrea, um die Lage einzuschätzen.

Deutschland hat im Dezember 2015 den Bundesminister für wirtschaftliche Zusammenarbeit und Entwicklung nach Eritrea geschickt, um sich mit Iseyas Afewerki zu treffen, mit dem Ziel, „weitere Schritte, etwa zur Verbesserung der Lebensbedingungen in Eritrea"[50], folgen zu lassen. Außerdem will die EU bis 2020 rund 200 Millionen Euro „unter anderem in Energieprojekte"[51] in Eritrea investieren.

9 Schlussbetrachtung

Nach so vielen Jahren unter fremder Herrschaft und schließlich dem Krieg gegen Äthiopien haben die Eritreer darauf gehofft, endlich in einem freien, demokratischen Land eine bessere Zukunft zu haben. Doch diese Hoffnung wurde zunichte gemacht, als sich der vermeintliche Befreier des Landes Iseyas Afewerki in einen tyrannischen Diktator verwandelte, unter dem das Volk genauso schlimm unterdrückt wird wie vorher unter den fremden Herrschern. Vielleicht sogar noch schlimmer.

---

[49] Burri, Anja: Blackbox Eritrea, in: Tagesanzeiger, 2016
[50] Burri, Anja: Blackbox Eritrea, in: Tagesanzeiger, 2016
[51] Burri, Anja: Blackbox Eritrea, in: Tagesanzeiger, 2016

Afewerki leidet unter der ständigen Angst, von dem Nachbarn Äthiopien herausgefordert und angegriffen zu werden, und so hat er Eritrea in eine Garnison verwandelt, mit dem Volk als unfreiwillige Soldaten für seinen Kampf.

Er verzichtet dabei auf jegliche Menschenrechte. Meinungs- und Pressefreiheit, genau wie Religionsfreiheit und Freizügigkeit, sind in Eritrea nur Wunschvorstellungen. Jeder, der dem Regime nicht Folge leistet, muss um sein Leben und seine Familie fürchten. Dass Menschen, die Widerstand leisten, verfolgt und verhaftet werden, oft auch einfach verschwinden und nie wieder auftauchen, ist in Eritrea nichts Ungewöhnliches.

Ich persönlich bin mir sicher, dass der Flüchtlingsstrom in den nächsten Monaten und wahrscheinlich auch Jahren nicht schwächer, sondern eher noch stärker wird, da die internationale Aufmerksamkeit jetzt auf dieses Thema gerichtet ist und daher viele Seiten sich dafür einsetzen, dass den Flüchtlingen die Reise von den umliegenden Ländern Eritreas nach Europa vereinfacht wird, weil einfach auf Zustände wie die Ertrinkenden Flüchtlinge auf dem Mittelmeer oder die vielen Entführungen auf den Sinai-Halbinseln aufmerksam gemacht wird.

Zwar nehmen die europäischen Länder jetzt Verhandlungen mit Eritrea auf, um den Flüchtlingsstrom zu stoppen, allerdings glaube ich, dass sich das dortige Regime solange nicht dazu herablassen wird, auf Anordnung Außenstehender die eigene Politik zu ändern, bis entweder ein enormer politischer Druck darauf ausgeübt wird, oder aber bis das Land durch die Massenauswanderung so am Rande des Abgrundes ist, dass das Regime einfach keine andere Wahl mehr hat, als sich zu beugen. Das wird aber vermutlich nicht in den nächsten zwei bis drei Jahren geschehen.

10 Literatur- und Quellenverzeichnis

Art der Veröffentlichung	Angaben
Buch	Ammar, Wolde-Yesus: Eritrea. Root Causes of War & Refugees. Baghdad 1992. Evangelisches Missionswerk in Deutschland: Eritrea. Von der Befreiung zur Unterdrückung. Hamburg 2015 Mehamed Said, Alamin: Sewra Eritrea (dt.: Eritreischer Krieg). Asmara 1994 Habte, Mussie: Der äthiopisch-eritreische Krieg 1998 – 2000. Ursachen, Konfliktstrukturen und internationale Lösungsversuche. Marburg 2007 Habte, Mussie: Nationenbildung in einem multiethnischen Staat. Beitrag von Bildung und Schulbüchern im nationalen Integrationsprozess Eritreas. Berlin 2012 Tesfay, Alemesgd: Aynfelale Eritrea 1940 – 1950 (dt.: Lasst uns uns nicht trennen, Eritrea 1940-1950). Asmara 2007
Artikel aus Zeitungen	De Waal, Alex: Das System Eritrea. In: Le Monde diplomatique, November 2015, 12 f. Johnson, Dominic: Das Land ist ein großes Gefängnis. Eritrea Die Regierung betrachtet seine Bürger als permanente Kriegsreserve. Die Ausreise ist der Weg, dem Dienst zu entgehen, in: TAZ. Die Tageszeitung, 28.09.2015, 5
Quellen aus dem Internet	Amnesty International: Eritrea: Misshandlung von Militärdienstleistenden (Mai 2004). http://www.connection-ev.de/article-499 (Zugriff am 25.02.2016) Amnesty International: Amnesty Report 2015 Eritrea (2015). http://www.amnesty.de/jahresbericht/2015/eritrea (Zugriff am 18.12.2015) Auswärtiges Amt: Außenpolitik (03.2015). http://www.auswaertiges-amt.de/DE/Aussenpolitik/Laender/Laenderinfos/Eritrea/Aussenpolitik_node.html (Zugriff am 13.02.2016)

Auswärtiges Amt: Eritrea: Reise- und Sicherheitshinweise (Teilreisewarnung) (20.01.2016). http://www.auswaertiges-amt.de/DE/Laenderinformationen/00-SiHi/EritreaSicherheit.html (13.02.2016)

Bohlen, Celestine: Horrors of Eritrea Met With a Shrug (15.06.2015). http://www.nytimes.com/2015/06/16/world/europe/horrors-of-eritrea-met-with-a-shrug.html (Zugriff am 23.12.2015)

Burri, Anja: Blackbox Eritrea (22.02.2016). http://www.tagesanzeiger.ch/schweiz/standard/Blackbox-Eritrea/story/22671743 (Zugriff am 25.02.2016)

EritreaDaily: China signs economic deals with Eritrea (07.01.2007). http://www.eritreadaily.net/News0107/article0107073.htm (Zugriff am 25.02.2016)

Johnson, Dominic: Ein Organ als Lösegeld (02.10.2014). Flucht aus Eritrea. http://www.taz.de/!5031966/ (Zugriff am 13.02.2016)

Leubecher, Marcel: Wie eine Diktatur Steuern von Asylbewerbern abzockt (05.06.2015). http://www.welt.de/politik/deutschland/article141966950/Wie-eine-Diktatur-Steuern-von-Asylbewerbern-abzockt.html (Zugriff am 13.02.2016)

Rühl, Bettina: Flüchtlinge berichten aus Eritrea (01.09.2015). Afrikas Gulag. http://www.swr.de/swr2/programm/sendungen/wissen/afrikas-gulag-fluechtlinge-berichten-aus-eritrea/-/id=660374/did=15850740/nid=660374/mdns5u/index.html (Zugriff am 23.12.2015)

Spiegel Online: Bericht über Unrechtsregime: Uno wirft Eritrea „Verbrechen gegen die Menschlichkeit" vor (08.06.2015). http://www.spiegel.de/politik/ausland/uno-bericht-eritrea-verletzt-massiv-menschenrechte-a-1037669.html (Zugriff am 19.12.2015)

Wülser, Patrick: Paranoia und Pseudospitäler in Eritrea (21.08.2015). Besuch im Emigrationsland. http://www.nzz.ch/international/afrika/paranoia-und-pseudospitaeler-in-eritrea-1.18599191 (Zugriff am 21.12.2015)

BEI GRIN MACHT SICH IHR WISSEN BEZAHLT

- Wir veröffentlichen Ihre Hausarbeit, Bachelor- und Masterarbeit

- Ihr eigenes eBook und Buch - weltweit in allen wichtigen Shops

- Verdienen Sie an jedem Verkauf

Jetzt bei www.GRIN.com hochladen und kostenlos publizieren